A ARTE DA TIPOGRAFIA
Composição tipográfica,
fotocomposição
e tipografia digital

THE ART OF TYPOGRAPHY
Letterpress Printing,
Photocomposition,
and Digital Typography

HERMANN ZAPF

A ARTE DA TIPOGRAFIA
Composição tipográfica,
fotocomposição
e tipografia digital

THE ART OF TYPOGRAPHY
Letterpress Printing,
Photocomposition,
and Digital Typography

HERMANN ZAPF

Tradução | Translation
Juliana Saad

Rosari

© 2009 Hermann Zapf
Título original
Letterpress Printing, Photocomposition, and Digital Typography

Editores
Ariovaldo Capano
Rosa Maria Abad Capano

Coleção Qual é o seu tipo?
Editor Claudio Ferlauto
Tradução Juliana Saad
Revisão Ira Nopaca
Design gráfico QU4TRO Arquitetos SP

Dados Internacionais de Catalogação na Publicação (CIP)
(Câmara Brasileira do Livro, SP, Brasil)
 Zapf, Hermann
  A arte da tipografia: composição tipográfica, fotocomposição
 e tipografia digital = The art of typography: letterpress
 printing, photocomposition, and digital typography. /
 Hermann Zapf; tradução/translation Juliana Saad.
 — São Paulo: Edições Rosari, 2010.
 Edição bilíngue: português/inglês
 1. Projeto gráfico (Tipografia) 2. Tipos para impressão
 I. Título. II. Título: The art of typography: letterpress
 printing, photocomposition, and digital typography.
 10-06358   CDD-686.2252
Índices para catálogo sistemático:
 1. Projeto gráfico: Página impressa: Tecnologia 686.2252

1ª Edição – Agosto 2010
Esta edição contempla as alterações introduzidas
em nosso idioma conforme Acordo Ortográfico
da Língua Portuguesa em vigor desde janeiro de 2009.

[2010]
Todos os direitos desta edição reservados a
Edições Rosari Ltda.
Rua Apeninos 930 5º andar conjunto 51
São Paulo SP Brasil 04104 020
Tel Fax 55 11 5571 7704 55 11 5575 7760
vendas@rosari.com.br
www.rosari.com.br

Zapf Dingbats | Optima | Palatino

Introduction

ON THIS PLAY PRESENTED IN FEBRUARY THE 27TH OF 1988, IN A SEMINARY IN CLARK LIBRARY, CALIFORNIA UNIVERSITY, LOS ANGELES, ZAPF SHOWS US, WITH SIMPLICITY, HIS EXPERIENCE IN TYPOGRAPHY, IN METALLIC TYPES COMPOSITION, IN PHOTOCOMPOSITION AND HIS KNOWLEDGE ABOUT THE ILIMITED FRONTIERS OPENED BY DIGITAL TECHNOLOGY.

THIS EXPERIENCE COMES FROM A MAN THAT CAN THINK THE FUTURE USING PERSONAL EXPERIENCES AND THOSE DREAMS FROM ANYONE THAT WANTS EXPLORE KNOWLEDGE LIMITS: CREATE IN ACCORD WITH PRESENTED CONDITIONS AND TO NOWADAYS WORLD.

THESE ARE ACTUAL IDEAS THAT MUST BE CONSIDERED WITH ATTENTION BY YOUNG GRAPHIC DESIGNERS, AS WELL AS ALL TYPOGRAPHY ADDICTED. IN PRESENTATION OF THE BOOK HISTORY OF ALPHABETS – AUTOBIOGRAPHY AND TYPOGRAPHY OF HERMANN ZAPF, EDITED BY CLAUDIO ROCHA, I WROTE THAT WE CAN NOT CONFOUND ZAPF WITH AN ELECTRONICAL WORD LIKE EPS, GIF, TIFF…

ZAPF IS A GENIUS OF TYPOGRAPHIC DESIGN AND A LOVELY AND SENSIBLE PERSON. HE IS CONSIDERED ONE OF THE MOST IMPORTANT AND INFLUENT TYPOGRAPHERS OF 20TH CENTURY BY THE MOST IMPORTANT PEOPLE THAT STUDIES AND CRITICIZES DESIGNERS LIKE FRIEDRICH FRIEDL, ROBIN KINROSS, ROXANE JUBERT, RICHARD HOLLIS, IN EUROPE, AND STEVEN HELLER, PHILIP MEGGS AND JOHANNA DRUCKER, IN THE USA.

BORN IN 1918, HE LIVES AND WORKS IN DARMSTADT, GERMANY. THERE ARE SO MANY DECADES HE IS ASSOCIATED TO LINOTYPE, PUTTING HIS PRODUCTION OF TYPOGRAPHIC FAMILIES IN A DIGITAL FORM TO THIS FOUNDRY IN COLLABORATION WITH AKYRA KOBAYASHI, BESIDES THE CREATION OF A NEW FAMILY NAMED ZAPFINO.

Claudio Ferlauto

PRIMEIRO TIPO | FIRST TYPE

Introdução

Neste ensaio escrito e apresentado em 27 de fevereiro de 1988 em um seminário na Clark Library, Universidade da Califórnia, Los Angeles, Zapf transmite com uma simplicidade cristalina sua experiência em tipografia —em composição com tipos metálicos, em fotocomposição e, sobretudo, na sua compreensão sobre as ilimitadas fronteiras abertas pelas tecnologias da era digital. É a experiência de um sábio capaz de expandir para o futuro —utilizando as experiências pessoais—, os sonhos de todos aqueles que desejam explorar as fronteiras do conhecimento: criar segundo as condições e para o mundo de hoje.

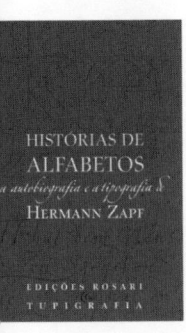

São ideias atuais que devem ser consideradas com atenção pelos jovens designers tipográficos, assim como por todos os aficionados da tipografia.

Na apresentação do livro *História de alfabetos, a autobiografia e tipografia de Hermann Zapf*, editado por Claudio Rocha, escrevi que não devemos confundir a palavra zapf com uma sigla do mundo eletrônico como eps, gif, tiff. Zapf é um gênio do design tipográfico e uma pessoa afável e sensível. É considerado pelos principais historiadores e críticos de design —de Friedrich Friedl a Robin Kinross, de Roxane Jubert a Richard Hollis, na Europa, e de Steven Heller a Philip Meggs e Johanna Drucker, nos EUA— um dos mais importantes e influentes tipógrafos do século XX.

Nascido em 1918, vive e trabalha em Darmstadt, Alemanha. Ligado há muitas décadas à Linotype, vem digitalizando para essa *foundry* sua produção de famílias tipográficas com a colaboração de Akyra Kobayashi, além de criar novas como a Zapfino.

Claudio Ferlauto

Zapf Dingbats

Sumário | Contents

10-11   Composição tipográfica
        Letterpress Printing

34-35   Três alfabetos
        Three Alphabets

35-36   Fotocomposição
        e tipografia digital
        *Photocomposition
        and Digital Typography*

54-55   Conclusão
        Conclusion

62   Índice
        Index

63   Publicações
        Publications

Letterpress Printing

Composição tipográfica

I have been a designer of typefaces for more than fifty years, during which I have practiced the art of typography in all its forms, from hand composition to computer composition. I have worked under conditions that have changed rapidly over the past decades in response to revolutionary changes in technology. Drawing upon my experiences, I would like to comment on these technological developments as they have affected the requirements of type design and, more generally, the art of typography.

Gilgengart · ABCDEF GHIJKLMNOPQ RSTUVWXYZ abc defghijklmnopqrstuvwxyz

FRAKTUR | 1951

FRAKTUR | Desenhos originais | Original drawings | 1938-1939

Amberg Basel Chor Daß D Elfe Fritz Gutenberg Hacke Ich Jessen Kayser Löwe L Mainz Nixe Ode Purpur Quell Rom Strafe Thors Um Vivat W Z C H z ƏƆƏ § 12345678905

My career began in the golden age of typography, when types were designed to be cast in metal for letterpress printing. In those days, I designed types both for hand composition and for Linotype matrices. My first design was a FRAKTUR, which I completed for the former Stempel typefoundry in Germany over fifty years ago. In the early years of my career I submitted my original drawings in 36-point. I also designed a few words in 10- or 12-point with a pointed brush so that the sales force and the management of the foundry could judge the overall appearance of a new typeface and compare it with already existing alphabets. In addition, these drawings

Eu tenho trabalhado como designer de tipos
—caracteres tipográficos— há mais de cinquenta anos,
durante os quais pratiquei a arte da tipografia em
todas suas formas: da composição manual
a composição eletrônica. Eu trabalhei sob condições
que se transformaram rapidamente durante as últimas
décadas, em resposta às revolucionárias mudanças
da tecnologia. Partindo das minhas experiências,
eu gostaria de fazer um comentário sobre tais
desenvolvimentos tecnológicos e sobre como
afetaram os procedimentos do design de tipos
e, de modo mais amplo, a arte da tipografia.

ಸಿ

Minha carreira começou na era de ouro da tipografia,
quando os tipos eram desenhados para serem fundidos
em metal para a composição tipográfica. Naquele
tempo, eu desenhava tipos tanto para a composição
manual quanto para matrizes de linotipia. Meu primeiro
design foi a fonte FRAKTUR, que completei para a antiga
tipografia Stempel, na Alemanha, há mais de 50 anos.
Nos primeiros anos da minha carreira, eu entregava
meus originais em 36 pontos. Também criei algumas
palavras em 10 ou 12 pontos, feitas com um pincel
pontiagudo, de modo que a equipe de vendas
e a administração da fundição pudessem julgar a
aparência geral do novo tipo de letra e compará-la com
os alfabetos já existentes. Além disso, tais desenhos

indicated what the hairlines should look like in the finished type. At that time, it should be noted, typefoundries needed drawings that showed only the general image of the design. The drawings did not have to be very exact, nor did the artists who drew them have to have such an extensive training as I, in fact, had from my four years' apprenticeship as a photo retoucher. Precise drawings were unnecessary because the artist's drawings did not have to meet the exacting requirements of photographic reproduction until phototypesetting equipment was introduced in the sixties and seventies.

PALATINO | desenhos originais da Stempel
| Original drawings of Stempel

ಶ

Previously, it was the punchcutter who supplied the extreme precision that is so important in type intended for the printed page. He was responsible for getting the proportions right and for correcting mistakes in the design as well. Punchcutters deserve much more credit for their work than they have had in the past. We know only a few of these great masters by name —among them, Francesco Griffo, who cut the types of Aldus Manutius; John Handy, who worked for

indicavam como os fios finos deveriam aparecer no tipo final. Deve-se observar que na época, as fundições de tipos precisavam de desenhos que exibissem somente a imagem geral do design. Os desenhos não precisavam ser muito precisos, nem tampouco os artistas que os desenhavam necessitavam de treinamento tão extenso quanto, eu, de fato, tive nos meus quatro anos de aprendizado como retocador de fotos. Os esboços precisos eram desnecessários porque os desenhos dos artistas gráficos não tinham satisfazer as exigências da reprodução fotográfica, até o equipamento de fotocomposição ser introduzido nas décadas de 1960 e 1970.

ABCDEFGHIJ
QRSTUVWXYZ
abcde & vwxyz
1234567890

PALATINO | 1971

Anteriormente, era o gravador de punções quem fornecia a precisão extrema é tão importante ao tipo destinado à página impressa. Ele era responsável por obter as proporções certas, como também por corrigir erros no design. Os gravadores merecem muito mais crédito por trabalho do que tiveram no passado. Conhecemos apenas alguns poucos destes grandes mestres, por nome. Entre eles: Francesco Griffo que cortou os tipos de Aldus Manutius; John Handy,

John Baskerville; Edward Prince, who worked for
William Morris, Thomas James Cobden-Sanderson,
and Count Harry Kessler; and Louis Hoell, who cut
the EMERSON type for Joseph Blumenthal.

August Rosenberg in Frankfurt was my
punchcutter, one of the greatest of this century.
Among other skills he had mastered, he could
cut letters in unusually small sizes, one of the
most demanding tasks in this craft. Not only did
he engrave the plates for my book *Pen and Graver*,
comprising twenty-five pages of calligraphy cut by
hand; he also cut the pilot alphabets for several

OPTIMA | 1958

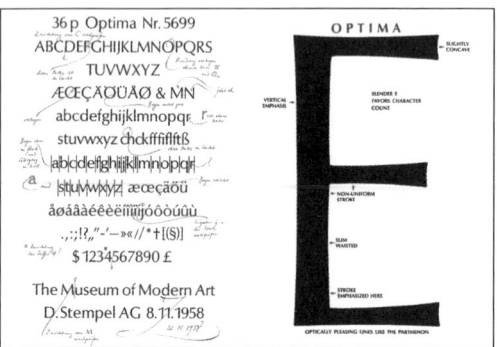

of my type designs —PALATINO, MELIOR, and OPTIMA.
At the Stempel foundry he always cut the larger
sizes of my designs, ranging from above 36-point
to 72-point, as well as the master alphabet in
36-point (and sometimes also in 12-point).
The 36-point master, based on my original
drawings, was then used to make the various brass
patterns for the punchcutting machines that cut
the smaller alphabets up to 28-point Didot.

❧

By looking at a single letter of metal type, on
can tell immediately whether it was cut by hand

que trabalhou para John Baskerville; Edward Prince
que trabalhou para William Morris, Thomas James
Cobden-Sanderson, e Count Harry Kessler e Louis Hoell
que cortaram a fonte EMERSON para Joseph Blumenthal.

August Rosenberger era meu gravador de punções
em Frankfurt, e foi um dos maiores do século XX.
Entre outras habilidades que dominou, ele conseguia
cortar letras em tamanhos excepcionalmente
pequenos, uma das tarefas mais exigentes nesta arte.

Ele não apenas gravou as chapas para o meu livro *Pen and Graver*, incluindo vinte e cinco páginas de caligrafia cortadas à mão, —como também cortou os alfabetos-piloto para várias das famílias tipográficas que criei como PALATINO, MELIOR, e OPTIMA. Na fundição Stempel, August Rosenberger sempre cortou os tamanhos maiores dos meus designs, variando desde acima de 36 pontos a 72 pontos, além de também confeccionar o alfabeto-mestre em
36 pontos (e, às vezes, também em 12 pontos).
O alfabeto-mestre de 36 pontos, baseado em meus
desenhos originais, foi usado para fazer diversos
protótipos de metal para as máquina de gravar
punções de aço que talharam os alfabetos menores,
de até 28 pontos Didot.

Ao examinar uma única letra composta com tipos de
metal, uma pessoa consegue afirmar imediatamente se

or by machine. The inner counters of letters are
always rounded when cut by hand, whereas
they will show abrupt or sharp edges when
cut by the engraving tool of a punchcutting
or matrix-engraving machine. Of course, cutting
by machine was so much more economical than
cutting by hand that the typefoundries of the past
almost always relied on machines.

Manuale | 1970
Detalhe | Detail

Metal type is an integral part of letterpress
printing. It gives a bite impression, as we call it,
for the type is pressed into the paper and creates
a sculptural effect on its surface. This effect is
especially noticeable on soft paper like Japanese
paper or on copperplate paper, whicht I have used
for some of my own publications on typography.

esta é cortada à mão ou à máquina. Os cantos internos das letras são sempre arredondados quando cortados manualmente, ao passo que irão exibir extremidades ásperas ou angulosas quando cortados por uma ferramenta de gravar punções de aço ou uma por máquina de fundição de matrizes de impressão. Como o corte à máquina era muito mais econômico do que o corte à mão, as fundições de tipos do passado quase sempre se utilizaram das máquinas.

❧

Os tipos de metal são parte integrante da composição tipográfica: eles dão uma impressão de mordida —como chamamos no jargão da área—, porque o tipo é apertado no papel e cria um efeito escultural em sua superfície. Este efeito é especialmente visível em papéis macios, como o papel japonês —ou, na gravação em chapa de cobre ou talho-doce— a qual usei para algumas de minhas próprias publicações sobre tipografia.

Manuale | 1954
| Capa | Cover

* **MANUALE TYPOGRAPHICUM**

100 *typographic pages with quotations from the past and present on types and printing in sixteen different languages, selected and designed by* HERMANN ZAPF *and printed at the house printing-office of the Stempel type foundry, Frankfurt/Main, with a preface by Paul Standard*

* MUSEUM BOOKS INC.
NEW YORK

The first volume of my *Manuale Typographicum*, published in 1954, was printed by letterpress on copperplate paper, as was the second volume, which after fourteen years of preparation appeared in 1968, in an upright format and with texts in eighteen different languages.

❦

We printed in several impressions in those days to achive such effects as overlapping letters; tight interline spacing (or leading, as it was called in letterpress); and special kernings of letters to build ligatures. All these effects can now be obtained effortlessly and less expensively with standard

Manuale | CASLON BLACKLETTER

> If the Ignorant look upon PRINTING without admiring it; it is, because they do not understand the same: The Learned have always judged far otherways; and have, with Reason, thought, That, for almost the Three Ages wherein this Wonder hath been seen in Europe, the Wit of Man did never invent any Thing that was either more lucky, or more useful for Instruction. This Truth is so universally acknowledged, that it needs no Proof: Every one knows, that, without this marvellous Art, the Studies, Labours, and Works of great Men, would have been of no Use to Posterity. We are then obliged to this Art, for the Knowledge of the Works of the old Philosophers, Physicians, Astronomers, Historians, Orators, Poets, Lawyers, Theologues; and, in a Word, of all that hath been writ upon any Art, and Science whatsoever. It is by the Means of PRINTING that Theologues do attain to the sacred Mysteries of our Religion; That the Doctors of Law, do teach those admirable Laws, which do regulate the Society of Men; That Historiographers do furnish us with Examples, which we are either to follow or shun; That Astronomers do make every Day such fine Discoveries in the Heavens. – James WATSON 1713
>
> A·B·C·D·E·F·G·H·I·J·K·L·M·N
> O·P·Q·R·S·T·U·V·W·X·Y·Z

phototypesetting equipment and offset printing. It might be argued that modern techniques, besides being cheaper, are indistinguishable in their results from letterpress printing. But are the results really the same? Compare the letterpress edition of the *Manuale Typographicum* of 1954 with the reprint published by the M.I.T. Press in 1970, which was produced in offset. The offset version was printed under my supervision in the Frankfurt firm of my old friend Ludwig Oehms, so I can vouch for its qualiy. Furthermore, the hundred texts on typography and printing in the *Manuale* were printed in the same size as the original; only the margins were reduced to permit a smaller

O primeiro volume do meu livro, *Manuale Typographicum*, publicado em 1954, foi impresso com composição tipográfica sobre chapa de cobre, assim como também o segundo volume, o qual, —após quatorze anos de preparação— foi lançado em 1968, em formato horizontal e exibindo textos em dezoito idiomas diferentes.

꧁

Naquela época, nós estampamos em várias impressões para alcançar efeitos tais como letras sobrepostas; espacejamento interlinear (ou entrelinhamento, como foi chamado na composição tipográfica) mais apertado; e o uso de *kerns* (crenagens) especiais entre letras, para construir ligaduras. Hoje em dia, todos esses efeitos podem ser obtidos sem esforço e menos dispendiosamente com equipamentos padrão de fotocomposição e impressão ofsete. Poder-se-ia dizer que as técnicas modernas, além de serem mais baratas, têm resultados indistinguíveis daqueles alcançados pela composição tipográfica metálica. Mas os resultados são realmente iguais? Compare a edição de 1954 do *Manuale Typographicum* —feita por composição tipográfica, com a reimpressão publicada pelo M.I.T. em 1970, impressa em ofsete. A versão em ofsete foi impressa sob a minha supervisão na firma do meu velho amigo, Ludwig Oehms, em Frankfurt, portanto, eu posso atestar sua qualidade. Além disso, os cem textos sobre tipografia e impressão do *Manuale* foram impressos no mesmo tamanho do original; apenas as margens

page size. And yet the offset reprint demonstrates perfectly the differences between the bite impression of letterpress and the kiss impression of offset —as well as the differences in the typographic effects mentioned above.

❧

Of course the offset method can produce a sharper, more exact image and allows such refinements as the printing of delicate hairlines in small sizes. Furthermore, photocomposition permits the joining of fine lines or rules in corners with a neatness and dispatch unattainable in letterpress printing. On the other hand, letterpress yields effects of light and shadow and of three

Manuale | 1970

> We use the letters of our alphabet every day with the utmost ease & unconcern, taking them almost as much for granted as the air we breathe. We do not realize that each of these letters is at our service today only as the result of a long & laboriously slow process of evolution in the age-old art of writing. Douglas C. McMurtrie
>
> A B C D E F G H I K L M N O P
> » abcdefghijklmnopqrstuvwxyzyɤgœkttffffflngnd «
> R S T U V W X Y Z & C Æ Œ Th Qu
> $1234567890?

dimensions that cannot be imitated in offset. We should never forget this basic difference, this special aesthetic quality, and we should hope that there will always be people who will see, respect, and support it —and of course support those anachronistic fellows who still cherish letterpress printing in their hearts.

❧

Indeed, I am sure that there will be a revival of letterpress in coming years, although not primarily for regular trade-book production such as my late friend Adrian Wilson several time

foram reduzidas para permitir que a página ficasse com um tamanho menor. E embora a reimpressão em ofsete demonstre perfeitamente as diferenças entre a impressão de mordida da composição tipográfica e a impressão de beijo do ofsete como também as diferenças nos efeitos de tipográficos acima mencionados.

❧

Claro que o método ofsete pode produzir uma imagem mais nítida e com maior exatidão, além de permitir refinamentos tais como a impressão de delicados fios finos em pequenas dimensões. Adicionalmente, a fotocomposição permite a junção de linhas finas ou réguas nas extremidades com uma ordenação e uma eficiência inacessíveis na composição tipográfica. Por outro lado, a composição tipográfica permite efeitos de luz e sombra e efeitos tridimensionais que não podem ser imitados em ofsete. Nunca deveríamos nos esquecer dessa diferença básica, dessa qualidade estética especial; e precisamos torcer para que sempre existam pessoas que possam vê–la, respeitá–la, e defendê–la, além de, obviamente, oferecer apoio aos anacrônicos profissionais que ainda guardam a composição tipográfica em seus corações.

❧

Realmente, eu estou certo de que haverá um *revival* da impressão tipográfica nos próximos anos, embora não necessariamente voltada para a produção de livros comerciais —tais como as que meu falecido amigo, Adrian Wilson, supervisionou várias vezes em

supervised in San Francisco, for letterpress shops cannot compete economically with large offset-press operations. But works of poetry and other books printed in short-run editions are still feasible.

Just as machine composition by Linotype or Monotype could not completely push aside hand composition or supersede the composing stick in the hundred years since those typesetting machines were introduced, so letterpress, I predict, will continue to coexist peaceably with offset. I would still recommend, therefore, that students of typography begin with letterpress and with hand composition.

This was the course of instruction when I taught in the School of Printing at the Rochester Institute of Technology. When visitors toured our facilities, they often expressed surprise to see our type lab filled with so many cases of metal type and questioned why these old-fashioned methods were preserved and recommended by a school that wanted to be the most advanced and best-equipped institution of its kind in the country. To explain our philosophy, Alexander Lawson, Archibald Provan, and I printed a poster a few years ago from a text

CARTAZ | POSTER | Carta para Gutenberg | Letter to Gutenberg

São Francisco—, uma vez que as pequenas gráficas não têm poder econômico para competir com as grandes operações de impressão em ofsete. Contudo, a arte de compor e imprimir com tipos ainda é válida para livros de poesia e outros volumes impressos em pequenas edições.

❧

Da mesma maneira que a composição em máquinas da Linotype e da Monotype não conseguiu jogar completamente para escanteio a composição manual ou suplantar o componedor nos cem anos desde que essas máquinas foram introduzidas. Portanto, prevejo que a composição tipográfica continuará a coexistir tranquilamente com o ofsete. Por conseguinte, eu ainda recomendaria aos estudantes de tipografia que começassem com a composição tipográfica em metal e com a composição manual.

❧

Esse foi método de ensino que utilizei quando dei aulas na School of Printing do Rochester Institute of Technology. Quando os visitantes conheciam as instalações do instituto, frequentemente expressavam surpresa ao ver nosso laboratório de composição repleto de caixas de tipos de metal e nos interrogavam sobre as razões desses métodos antiquados serem preservados e recomendados por uma escola que pretendia ser a mais avançada e bem equipada instituição do gênero nos EUA. Para explicar nossa filosofia, Alexander Lawson, Archibald Provan e eu imprimimos um cartaz há alguns anos a partir de um

I had written, which takes the form of a letter to
Gutenberg in defense of the continuing relevance
of his invention. I would like to quote some lines
from it:

> Hand composition remains the best method of
> understanding how letters can be arranged with
> artistic taste and can still serve that fundamental
> purpose: to transfer the message of the text
> properly to the reader.
>
> ♣
>
> Always in composing metal types, the
> craftsman is constantly aware of the relationship
> of letterforms and white space. You [Gutenberg]
> would be very intrigued with the new
> photocomposition machines equipped as they
> are with sophisticated computer programs.
> They perform their function in such a way that
> the typographer sees nothing of what is being
> composed. Thus it is not possible to correct
> mistakes before the final printout emerges.
> Precise instructions must be given to these new
> machines by analytic typographic methods
> formulated in advance. It is therefore a vital
> necessity that the typographic possibilities
> of each job be analyzed in precisely the same
> way as you did so many-many years ago, when
> yo so carefully composed your metal types.

I should add that in the future not just the
method of typography but the art of letterpress
printing will be the measures of quality and taste
Books will still be judged by the standards
of those printed by Ward Ritchie, Grant Dahlstrom,
and others whose work can be studied at the
Clark Library.

texto, escrito por mim, sob a forma de uma carta para Gutenberg em defesa da contínua relevância de sua invenção. Eu gostaria de citar algumas linhas aqui:

A composição manual continua sendo o melhor método para se entender como as letras podem ser organizadas com bom gosto artístico e ainda servir ao seu propósito fundamental: transmitir a mensagem do texto corretamente ao leitor.

♣

Como sempre na composição de tipos de metal, o artesão está constantemente atento à relação entre os caracteres (formas das letras) e o espaço em branco. Você [Gutenberg] ficaria muito intrigado com as novas máquinas de fotocomposição, equipadas, hoje em dia, com sofisticados programas de computação. Elas executam sua função de tal modo que o tipógrafo não vê nada do que está estando composto. Com isso, não é possível corrigir os erros antes da impressão final surgir. Faz-se necessário transmitir instruções precisas—, por meio de métodos de tipográficos analíticos formulados com antecedência —para essas novas máquinas. É, portanto, uma necessidade vital que as possibilidades tipográficas de cada trabalho sejam analisadas de maneira precisa, do mesmo modo como você fez quando com tanto cuidado compôs os tipos de metal.

Eu devo acrescentar que, no futuro, não somente o método tipográfico, mas também a arte da composição e da impressão em alto-relevo serão as preceitos de qualidade e bom gosto. Os livros ainda serão julgados pelos padrões dos volumes impressos por Ward Ritchie, Grant Dahlstrom, e outros, cujos trabalhos podem ser estudados na Clark Library.

ABCDE

QRSTU

abcde&

12345

FGHIJ

VWXYZ

@vwxyz

67890

Zapfino | Regular

ABCDE

QRSTU

abcde&

12345

FGHIJ
VWXYZ
@vwxyz
67890

Optima | Regular

ABCDE

QRSTU

abcde&

12345

FGHIJ
VWXYZ
@vwxyz
67890

ZAPF CHANCERY | Italic Medium

Photocomposition
and Digital Typography

Fotocomposição
e tipografia digital

Many of us have witnessed the transitional period when metal typefaces were transformed into alphabets for photocomposition. As photocomposition became more widely used and as the manufactures of phototypesetting machines needed more alphabets, some firms made the fundamental mistake of relying too heavily on the specimen books of the past, which were filled with hundreds of letterpress alphabets. To save time and money, they merely converted the metal types displayed there for use in the new medium. All too often certain technical limitations in the casting of metal types were carried over into phototypesetting systems, while the advantages of these systems, their additional capabilities, were ignored.

❧

Only a few firms commissioned new designs tailored to the requirements of their machines. Because the artwork of the designers went directly to the camera to make the grids, the designs had to be precise in every detail, far more precise than the master drawings of metal types, and it was very expensive to prepare and reproduce these designs properly without retouching. This is one reason why so many metal typefaces were copied during the sixties and why so few original designs were commissioned for

ZAPF CIVILITÉ

Muitos de nós testemunhamos o período
de transição em que os tipos em metal foram
transformados em alfabetos para a fotocomposição.
Na medida em que a fotocomposição se tornou mais
amplamente utilizada e, conforme os fabricantes de
máquinas de fotocomposição precisaram de mais
alfabetos, algumas empresas cometeram o erro
fundamental de recorrer pesadamente aos catálogos
de tipos do passado, recheados com centenas
dealfabetos tipográficos. Para economizar tempo
e dinheiro, as empresas meramente converteram
os antigos tipos de metal existentes para o novo meio.
Com frequência, certas limitações técnicas da fundição
em metal foram levadas para os sistemas de
fotocomposição, enquanto as vantagens destes sistema
e, suas capacidades adicionais foram ignoradas.

❧

Apenas algumas empresas encomendaram novos
designs adaptados às necessidades de suas máquinas.
Uma vez que os desenhos dos designers iam
diretamente para a câmara fotográfica para que as
graduações classes fossem feitas, os designs tiveram
que ser precisos em todos os detalhes, muito mais
precisos do que os desenhos–mestre dos tipos
de metal. E, era muito caro preparar e reproduzir
corretamente esses designs sem retoques. Essa é uma
das razões pela qual tantos tipos em metal foram
copiados durante a década de 1960 e por que tão
poucos designs originais foram encomendados

photocomposition, especially in the early years before ITC —the International Typeface Corporation— was founded in New York City in 1971.

❧

The next generation of phototypesetting machines once again altered design requirements. The German Rudolf Hell invented a machine based on the digital principle, the Digiset machine, and showed it first at an exhibition in Paris in 1965. Other manufacturers were skeptical about this new method and decided to wait and see, but the digital system ultimately prevailed. It introduced entirely different techniques for the design of new alphabets. With this system the letters are built up in very small black and white dots representing pixels. In the earliest stages of digital technology, a designer had to draft small squares by hand to make a large bitmap of a letter suitable for digital reproduction. With later developments, he was able to view the digitized image on a video screen and add or take away parts of the design to any extent that he wanted.

MARCONI | 1976

❧

Now a designer can scan a drawing and make corrections directly on the screen, using the same basic principle used in the Macintosh personal computer, which allows the operator to alter a design while he watches, with just a click of the mouse.

para a fotocomposição, especialmente nos primeiros anos, antes da fundação da ITC – International Typeface Corporation, em Nova York, em 1971.

❧

A nova geração de máquinas de fotocomposição mais uma vez alterou as exigências do design. O alemão Rudolf Hell inventou uma máquina baseada no princípio digital, a Digiset, e mostrou-a primeiro em uma exposição em Paris, em 1965. Os outros fabricantes estavam céticos quanto a esse novo método e decidiram esperar para ver; contudo, no final das contas o sistema digital prevaleceu. O aparelho fotocompositor introduziu técnicas completamente diferentes para o design de novos alfabetos. Com esse sistema, as letras são construídas, em preto e branco, em pontos muito pequenos, que representam *pixels*. Nas fases iniciais da tecnologia digital, o designer tinha que traçar pequenos quadrados à mão para fazer o grande *bitmap* —de uma letra— adequado à reprodução digital. Com desenvolvimentos posteriores, tornou-se possível visualizar a imagem digitalizada em uma tela de vídeo e, somar ou retirar partes do design em qualquer extensão desejada.

❧

Hoje em dia, o designer pode escanear um desenho e fazer correções diretamente na tela, valendo-se do mesmo princípio básico usado nos computadores Macintosh, que permite ao operador alterar o design enquanto o vê, apenas com um clique do *mouse*.

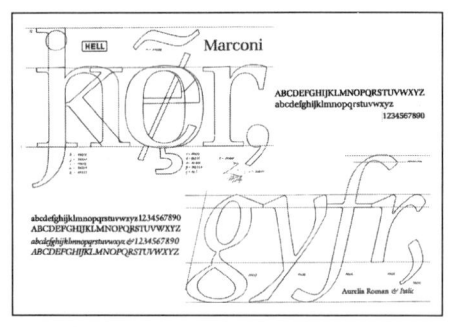

With this method, the all-important precision of type intended for the printed page is no longer derived from the drawing but from the version corrected on the screen. The drawings can therefore be quite different from those of several years ago, which were intended to be shot directly by a camera that registered every little mistake. Now special computer-assisted systems with the capability of fixing mistakes automatically have been designed for digital typesetting equipment.

※

One such system is called Ikarus, invented by Peter Karow in Germany. Donald Knuth of the computer science department at Stanford University developed another system called Metafont. These programs do not require precise drawings. Even pencil outlines can be used for the start, and afterwards the system will sharpen and perfect the design with beautifully shaped curves, *et cetera*. A designer can save and recall from the computer's memory repeating parts of letters and move them about while the program automatically adjusts the thickness of hairlines, the design of serifs, or the width of the stems. In addition he can derive condensed versions and italics from the same master design (not of course a true italic as we know it from classical typography but rather a slanted version of the roman).

Com esse método, a tão importante exatidão tipográfica pretendida para a página impressa do desenho não mais se deriva do design, mas sim da versão corrigida na tela. Consequentemente, os desenhos podem ser bastante diferentes daqueles de anos atrás, que se destinavam a ser fotografados diretamente por uma câmera fotográfica que registrava cada errinho. Hoje em dia, sistemas computadorizados especiais, com capacidade de consertar falhas automaticamente, foram projetados para equipamentos de composição tipográfica digitais.

❧

Um desses sistemas, o Ikarus, foi inventado por Peter Karow, na Alemanha. Donald Knuth do Departamento de Ciência da Computação da Stanford University desenvolveu outro sistema chamado Metafont. Estes programas não requerem desenhos precisos. Até mesmo esboços a lápis podem ser usados no início, depois o sistema irá aparar e aperfeiçoar o design com curvas elegantemente modeladas etc. O designer pode 'salvar' e reproduzir diretamente da memória do computador as partes repetidas das letras e mudá-las, enquanto o próprio programa ajusta automaticamente a densidades dos fios, o design das serifas, ou, a largura das hastes. Além disso, ele pode gerar versões condensadas e itálicos do mesmo design-mestre (obviamente não um verdadeiro itálico, como o que conhecemos da tipografia clássica, mas uma versão bastante inclinada da versão *roman*).

Such electronic systems can save the designer both time and effort, and a designer or an artist in the old-fashioned sense should not ignore these valuable new tools. Although many of my friends have been surprised that I have been associated with the Ikarus program and with Metafont in Stanford from the very beginning, to me both were and are fascinating.

MacLiza | 1984 | Primeiras letras no Macintosh | Firts letters on Macintosch

ॐ

Photocomposition has opened new doors for creative typography. Today's typesetting equipment allows designers to change intercharacter spacing, for example, although sometimes this feature is overused, reducing the legibility of lines dramatically. Among its many other typographic features, this equipment also makes it possible to distort the image of a letter for special effects or to modify its shape. Through such interpretations and modifications, we can widen our typographic design possibilities —provided we do so tastefully.

But we must take care to distinguish between an unwarranted manipulation of letterforms and the various distortions now possible that can be used to achieve appropriate and desirable effects. Indeed, the ease with which letterform can

Tais sistemas eletrônicos podem economizar para o designer tanto tempo quanto esforço, e um designer ou um artista gráfico 'das antigas' não deveria ignorar essas valiosas ferramentas novas. Embora muitos de meus amigos tenham ficado surpresos em ver meu nome associado aos programas Ikarus e ao Metafont em Stanford, desde o início, para mim, ambos foram, e continuam sendo fascinantes.

❧

A fotocomposição abriu novas portas para tipografia criativa. Os atuais equipamentos de composição tipográfica permitem, por exemplo, que os designers mudem o espacejamento entre caracteres —embora às vezes esta característica seja excessivamente usada, reduzindo radicalmente a legibilidade das linhas. Entre suas muitas outras características tipográficas, esses equipamentos também possibilitam distorcer a imagem de uma letra para efeitos especiais ou modificar sua forma. Tais interpretações e transformações permite que ampliemos nosso espectro de possibilidades de design tipográfico, contanto que exercitemos o bom gosto.

❧

Contudo, devemos ter cuidado em fazer a distinção entre uma manipulação injustificada de caracteres e as várias distorções atualmente alcançáveis, que podem ser usadas para se conseguir efeitos adequados e desejáveis. Realmente, a facilidade com que os caracteres podem ser alterados, representa uma séria

be altered presents a serious threat to the integrity of design. If the manipulation of letterforms continues, we will soon completely corrupt our existing authentic alphabet designs. We must all learn to respect the design accomplishments of typographers like Frederic Goudy, Eric Gill, and Stanley Morison, to name just there of the most important twentieth-century designers. We must avoid the bastardization of typefaces and preserve such designs as Gill's PERPETUA and Morison's TIMES ROMAN for the future. Cosmetic changes and the manipulation of letterforms pose a question

ABCDEabcde&012345
PERPETUA ROMAN | Eric Gill

ABCDEabcde&012345
TIMES ROMAN | Stanley Morison

of ethics as serious as that posed when one artist steals another artist's design ideas. By cutting serifs, by deforming or amputating parts of letter's —alterations that have nothing to do with good work— a designer may end up as a poor plagiarist.

❧

Today, creative designers face other major changes and, with them, new opportunities. Until recently, alphabet designs were usually intended for typesetting machines —in the case of may own designs, first for the Linotype machine and later for the digital or laser equipment manufactured by other companies. But now we must cope with other kinds of printing equipment, like the so-called laser printers. To be precise, they are not really printers but copiers operating on the xerographic principle.

ameaça para a integridade do design. Se a manipulação das formas de letras continuar, logo iremos corromper completamente os designs de alfabetos autênticos ainda existentes. Todos nós devemos aprender a respeitar os feitos realizadas por tipógrafos como Frederic Goudy, Eric Gill, e Stanley Morison, para citar apenas três dos mais importantes designers do século XX. Temos que evitar a 'ilegitimização' dos tipos de letra e conservar designs tais como a Perpetua de Gill e a Times Roman de Morison para o futuro. As mudanças cosméticas e a manipulação das formas das letras representam uma questão ética tão séria quanto aquela armada quando um artista rouba as idéias de outros designers. Ao cortar serifas, deformar ou amputar partes de letras, —fazendo alterações que não têm nada a ver com um bom trabalho o designer pode terminar como um medíocre plagiador.

༄

Nos dias atuais, os designers criativos enfrentam outras importantes mudanças e, com elas, novas oportunidades. Até recentemente, designs de alfabeto eram habitualmente destinados para as máquinas de composição tipográfica —em no caso de meus próprios designs, primeiro para a máquina de linotipo e depois para o equipamento digital ou a laser fabricado por outras companhias. Mas agora nós temos que lidar com outros tipos de equipamento de impressão, tais como as supostas impressoras a laser. Para ser preciso, elas não são realmente impressoras, mas sim copiadoras que operam por meio do princípio de xerográfico.

These laser printers reproduce letterforms at a relatively low resolution, generally three hundred, four hundred, or six hundred dots per inch, although some might reach a thousand dots per inch. Professional laser typesetting machines, in contrast, can achieve more than twenty-six hundred dots per inch, such a high resolution that it is impossible to identify the single dots in a line. And yet, the less sophisticated laser printers will play an increasingly important role as they help to supply the expanding market of desktop publishing.

❧

Here we designers have another challenge. These laser printers need alphabets. At first, existing and well-known alphabets were adapted for use in laser printers, but the deficiencies were obvious when the laser versions were compared with the originals printed in high resolution. Less experienced designers resorted to awkward compromises when dealing with the constraints of these alphabets.

❧

This brings us to a fundamental consideration. It was wrong to duplicate metal types in such a different and demanding technology as photocomposition. Now once again we are transplanting alphabets between the incompatible technologies of photocomposition

OPTIMA ROMAN
| Usada no Memorial dos Veteranos do Vietnã, Washington, EUA
| Used at Vietnam Veterans Memorial in Washiungton, D.C.

Essas impressoras a laser reproduzem caracteres (formas das letras) a uma resolução relativamente baixa, geralmente trezentos, quatrocentos, ou seiscentos pontos por polegada, embora algumas possam alcançar mil pontos por polegada. Em contrapartida, as máquinas profissionais de composição tipográfica a laser podem alcançar mais de 26 mil pontos por polegada, uma resolução tão alta que é impossível identificar esses pontos isolados em uma linha. E ainda, as impressoras a laser menos sofisticado irão representar um papel crescentemente importante, à medida que ajudam a atender ao mercado de editoração eletrônica, que está em forte expansão.

❧

Aqui, nós —designers— temos um outro desafio. Essas impressoras a laser precisam de alfabetos. No princípio, alfabetos existentes e bem conhecidos foram adaptados para uso em impressoras a laser, mas as deficiências eram óbvias quando as versões a laser foram comparadas com as originais impressas em alta resolução. Os designers menos experientes recorreram a ajustes desajeitados ao lidarem com as limitações desses alfabetos.

❧

Isto nos leva a uma consideração fundamental. Foi um erro reproduzir os tipos de metal em uma tecnologia tão diferente e exigente quanto a da fotocomposição. Agora, uma vez mais, nós estamos transplantando alfabetos entre as incompatíveis

and laser printing. Pure copies of such historic faces as the sixteenth-century Garamond clash with the computer age, not just technologically but also stylistically. To use them in software is just as inappropriate as it would be to deck out our office computers with Renaissance ornaments and embellish the monitors with naked cherubs on the top and stately Greek columns on either side.

❦

Styles and the technology that affects them have evolved dramatically during the 450 years since Claude Garamond designed his types. The letterpress types of the past were made to serve the spirit of their time and the technology then in use. Griffo and Garamond cut their types by hand, types designed to be printed on dampened paper by wooden presses. The serifs of the original faces were bolstered to withstand the pressure then

ABCDEabcde&012345
BODONI

ABCDEabcde&012345
DIDOT

needed to print on rough handmade paper and to print the bold and straightforward woodcut illustrations of the sixteenth century. After Baskerville introduced smooth hot-pressed wove paper in the mid-eighteenth century, the serifs could be thinner and so could the hairlines, to match the light and delicate copper engravings of the time. Giambattista Bodoni and the Didot family

tecnologias da fotocomposição e da impressão a laser.
As meras cópias de fontes históricas, como a
GARAMOND, do século XVI, batem de frente com a era
do computador, não apenas tecnológica, mas também
estilisticamente. Usá–las em programas de computador
é tão inadequado quanto impróprio, seria o mesmo
que enfeitar nossos computadores com ornamentos
do Renascimento e embelezar os monitores com
querubins nus, empoleirados no topo de majestosas
colunas gregas.

❧

Os estilos e as tecnologias que os afetam evoluíram
drasticamente durante os 450 anos desde que
Claude Garamond desenhou os seus tipos. As letras da
composição tipográfica do passado foram feitas para
servir ao espírito de sua época e da tecnologia então
em uso. Griffo e Garamond cortaram (esculpiram) seus
tipos à mão —tipos que eram projetados para serem
impressos em papel umedecido através de prensas
de madeira. As serifas das fontes originais foram
reforçadas para resistir à pressão então necessária para
se imprimir sobre o rústico papel feito à mão e se
gravar as ousadas e diretas xilogravuras do século XVI.
Após Baskerville introduzir o suave papel tramado
estampado a quente, em meados do século XVIII, as
serifas —assim como também fios, puderam ser mais
finas— de modo a combinarem com as leves e delicadas
gravações em cobre da época. Giambattista Bodoni e a
família Didot desenvolveram fios extremamente finos

favored extremely thin hairlines and thus continued this trend while also exploiting the latest technical improvements —but everything was still printed by hand.

〜

Today's offset-printing machines can easily print the thinnest hairlines of types even in the smallest sizes. Specially designed alphabets for photocomposition have met the challenge of technical progress perfectly. Laser printers, on the other hand, cannot always reproduce small, delicate letterforms, and they have other technical limitations as well. The ideal solution, therefore, would be to design new alphabets especially prepared for the needs and restrictions of low resolution, to be used on laser printers. Young designers will discover here an interesting field in which to show their imagination and creativity.

〜

The role of type designers, past and present, has always been to serve the demands of existing equipment. Now, instead of collaborating with a punchcutter, they must join a team of electronics engineers. And computer companies must overcome their prejudices against graphic designers, who are no longer artists in the old sense but designers, industrial designers, competent in all manner of technical question and probably also trained in electronics.

dando, dessa forma, continuidade a tal tendência enquanto também exploravam os avanços técnicos mais recentes; porém, tudo ainda era impresso à mão.

❧

As atuais máquinas de impressão ofsete podem imprimir facilmente os mais finos fios de tipos, mesmo nos menores tamanhos. Os alfabetos especialmente projetados para a fotocomposição fizeram frente ao desafio técnico de progresso perfeitamente. Por outro lado, as impressoras a laser nem sempre podem reproduzir os caracteres pequenos e delicado, e elas também têm outras limitações técnicas. Portanto, a solução ideal seria desenhar novos alfabetos especialmente criados para acomodar as necessidades e restrições da baixa resolução, de forma a serem usados em impressoras a laser. Os jovens designers irão descobrir aqui um interessante campo, onde sua imaginação e criatividade poderão ser exibidas.

❧

O papel dos designers de tipo, do passado e do presente, sempre foi servir às demandas dos equipamento existentes. Agora, em vez de colaborar com um *punchcutter* (gravador de punções), eles têm que se unir a uma equipe de engenheiros eletrônicos. E as empresas de computador têm que superar os preconceitos contra os designers gráficos —que não mais são artistas, na antiga acepção da palavra, mas sim designers industriais— competentes em todos os gêneros de questões técnicas e, provavelmente, também treinados em eletrônica.

Personal computers are now so widespread that the designer and the engineer must pool their talents, must work together, not separately, and, above all, must not compromise on a new product even though it already stands to be superseded by a later generation of electronic equipment.

Conclusion

In conclusion I would like to offer just a few words about the phenomenon of desktop publishing, which has become so popular recently.

❧

If we look closely at what some firms are offering, it should be clear even to enthusiasts that these programs cannot perform every last detail in laying out a page, nor can they format a document instantly or automatically. The user must know what to want and how it should look on the page once it has been printed by the laser printer. Although good typography can be produced on the present desktop systems, the results depend to a great extent on the skill of the user. For the benefit of the less skilled, companies should hire talented typographers to devise better and more comprehensive software.

Os computadores pessoais são tão difundidos nos dias de hoje que o designer e o engenheiro devem unir seus talentos e trabalhar em conjuntos, e não separadamente e, acima de tudo, não devem fazer concessões a um novo produto, mesmo que ele já esteja prestes a ser substituído por uma nova geração de equipamentos eletrônicos.

Conclusão

Em resumo, eu gostaria de oferecer apenas algumas poucas palavras sobre o fenômeno da editoração eletrônica que se tornou tão popular recentemente.

❧

Se olharmos de perto para o que algumas empresas estão oferecendo, deveria ficar claro, até mesmo para os entusiastas, que esses programas não podem executar todos os mínimos detalhes da disposição do leiaute de uma página, como também não podem formatar um documento imediata ou automaticamente. O usuário tem que saber o que deseja e como quer que sua configuração apareça —ao ser impressa a laser— no papel. Embora os atuais sistemas de editoração eletrônica possam produzir boa tipografia, os resultados dependem, em grande parte, da habilidade do usuário. Para o benefício do menos qualificado, as empresas deveriam contratar tipógrafos com talento suficiente para criarem programas melhores e mais abrangentes.

On the other hand, there is hope that users of desktop-publishing programs will soon develop better taste and greater skills, that they will become more sensitive to design criteria and more critical of their own work, that they will learn more about the properties of typefaces and read more about the history of typography. As I said earlier, the best way to learn a profession like typography or printing is first to study its history. At libraries like the Clark the interested student can consult collections of technical literature as well as the notes, preliminary drawings, and finished work of such great masters as Eric Gill, the better to learn and understand their design ideas —not to follow in their footsteps, for the giant strides of an Eric Gill, a Bruce Rogers, or a William Dwiggins are beyond the powers of even the most expert typographers. It would be cheap and unfair to imitate the masters. Rather, those seeking to learn the arts of design should draw on their work for inspiration, recognizing that our cultural and commercial conditions are different from theirs.

ò

Once users of desktop programs grow interested in studying the masterpieces of book design and printing, they will realize that it is not

Por outro lado, há esperança de que os usuários de programas de editoração eletrônica irão, em breve, adquirir mais bom gosto e desenvolver melhores habilidades tornando-os mais sensíveis aos critérios do design e mais críticos de seus próprios trabalhos, que aprendam mais sobre as propriedades dos tipos de letras e leiam mais sobre a história da tipografia. Como já disse, o melhor modo para aprender uma profissão como a tipografia ou a impressão é primeiro estudar sua história. Em bibliotecas como a Clark Library o estudante interessado pode consultar coleções de literatura técnica, assim como também examinar anotações, desenhos preliminares e trabalhos definitivos de grandes mestres, tais como Eric Gill, para aprender e entender melhor suas ideias de design, e não para seguir nos passos, porque os passos largos gigantescos de um Eric Gill, um Bruce Rogers ou um William Dwiggins estão além dos poderes de até mesmo o mais exímio dos tipógrafos. Seria mesquinho e injusto imitar os mestres. Em lugar disso, aqueles que buscam aprender a arte do design tipográfico deveriam utilizar o trabalho dos mestres como inspiração —não deixando de reconhecer que nossas condições culturais e comerciais são diferentes das deles.

≥≥

Na medida em que os usuários de programas de editoração eletrônica ficarem mais interessados no estudo das obras-primas de design e impressão de livros, eles perceberão que não é o bastante fazer

enough to get a message printed on a piece
of paper in a fancy-looking typeface. That is not
typography. How the text is printed is of utmost
importance, and to present it properly requires
some knowledge of the fundamental rules.
Without that knowledge too many inexperienced
users of personal computers commit elementary
mistakes, such as mishandling initials or
thinking that they must sprinkle the page with
eye-catching ornaments.

❧

Fascinate by the simplicity of formatting
a design on the screen, and of correcting and
changing it, they might feel proud of their work
until they learn to appreciate quality in printing
and discover that it is also important in their work.
But even the mistakes are a necessary part of the
formative experience, and the more they
experiment with desktop publishing, the higher
will be their standards of good typography.

❧

There is no question that even novice users
of desktop systems can learn this fascinating art,
if they are really interested. After starting with a
cheap system of desktop publishing, they may
sharpen their critical faculties and after some time
discover an aptitude for fine typography. I am sure
that some people starting with desktop publishing,

com que uma mensagem seja um impressa em um pedaço de papel com tipo de letra extravagante. Isso não é tipografia. A maneira pela qual o texto é impresso é de extrema importância, e apresentá-lo corretamente requer algum conhecimento das regras fundamentais. Sem tal conhecimento muitos usuários, inexperientes, de computadores pessoais cometem erros elementares, como estragar capitulares ou achar que têm que salpicar a página com ornamentos chamativos.

❧

Fascinados pela simplicidade de formatar um design na tela do computador, e de corrigi-lo ou mudá-lo, esses noviços podem se sentir orgulhosos de seus feitos até que aprendam a valorizar e apreciar a qualidade da impressão e descobrir que ela, também, é importante para o seu trabalho. Apesar disso, até mesmo os erros são uma parte necessária da experiência formativa, e quanto mais fazem experimentos com a editoração eletrônica, mais alto serão seus padrões de boa tipografia.

❧

Não há dúvida alguma de que até mesmo os usuários novatos de sistemas de editoração eletrônica podem aprender esta arte fascinante, se estiverem realmente interessados. Depois de começarem com um sistema de editoração eletrônica barato, eles podem aguçar sua capacidade críticas e descobrirem, depois de algum tempo, uma aptidão para a boa tipografia. Eu tenho certeza de que algumas pessoas que começam com

perhaps at its most primitive, will end up some day with metal type and a printing press —stowed in their bedroom if no other place permits. If this pleasant prospect appears illusory, consider how many of our best private-press printers began in their high school years with a hobby press, then fell in love with metal type, its tradition and its expressive possibilities, and there upon spent a lifetime perfecting the art of letterpress printing.

꽃

As long as typography can be learned and practiced with passion, its future is secure.

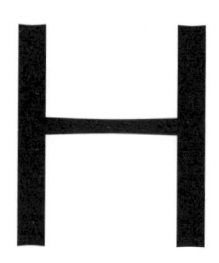

H

a editoração eletrônica, talvez até em seu estágio mais primitivo, algum dia irão se ver trabalhando —com tipos de metal e uma prensa de impressão— em seu próprio quarto, se não puderem fazê-lo em nenhum outro lugar. Se esse agradável possibilidade aparecer ilusória, considere quantos de que nossos melhores tipógrafos particulares (gráficas operadas em caráter não essencialmente comercial) adotaram a tipografia como passatempo —exercitado na adolescência em prensas escolares— e, acabaram se apaixonando pelos tipos de metal, sua tradição e suas eloquentes possibilidades, e por causa disso, passaram toda a vida aperfeiçoando a arte da composição tipográfica.

ॐ

Desde que a tipografia possa ser aprendida e praticada com paixão, seu futuro estará garantido.

∎

Z

Índice | Index

Baskerville, John – 18-19, 50-51
Blumenthal, Joseph – 18-19
Cobden-Sanderson,
 Thomas James – 18-19
Dahlstrom, Grant – 28-29
Didot, família – 50-51
Digiset – 40-41
Dwiggin, William – 56-57
Emerson – 18-19
Fraktur – 14-15
Garamond – 50-51
Garamond, Claude – 50-51
Gill, Eric – 46-47, 56-57
Goudy, Frederic – 46,47
Griffo, Francesco – 16-17, 50-51
Gutenberg, Johannes – 28-29
Handy, John – 16-17
Hell, Rudolf – 40-41
Hoell, Louis – 18-19
Ikarus – 44-45
ITC – International Typeface
 Corporation – 40-41
Karow, Peter – 42-43
Kessler, Count Harry – 18-19

Knuth, Donald – 42-43
Lawson, Alexander – 26-27
Linotype – 26-27
Manuale Typographicum – 20-23
Manutius, Aldus – 16-17
Melior – 18-19
Metafont – 42-45
Monotype – 26-27
Morison, Stanley – 46-47
Morris, William – 18-19
Oehms, Ludwig – 22-23
Optima – 18-19
Palatino – 18-19
Pen and Graver – 18-19
Perpetua – 46-47
Prince, Edward – 18-19
Provan, Archibald – 26-27
Ritchie, Ward – 28-29
Rogers, Bruce – 56-57
Rosenberger, August – 18-9
Stempel – 14-5, 18-19
Times Roman – 46-47
Wilson, Adrian – 24-25

Palatino | Gravura | Engraving

O semeador Arepo mantém o curso com atenção.
Versão pagã
O Criador mantém com cuidado o mundo em sua rota.
Versão cristã

Publicações | Publications

William Morris. Sein Leben und Werk in der Geschichte der Buch-und Schriftkunst. Klaus Blanckertz Publisher, Scharbeutz/Lübeck, 1949.

Feder und Stichel. Alphabete und Schriftblätter in zeitgemäßer Darstellung. Geschrieben von Hermann Zapf. In Metall geschnitten von August Rosenberger, Frankfurt. Special edition on Japanese paper/Edição especial em papel de arroz, D. Stempel, Frankfurt, 1949. Fabriano mouldmade paper edition/ Edição em papel de arte Fabriano, D. Stempel, 1950. Trajanus Presse, 1952.

Pen and Graver. Alphabets and pages of calligraphy by Hermann Zapf, cut in metal by August Rosenberger. Museum Books, New York, 1952.

Manuale Typographicum. 100 Tafeln in 16 Sprachen gesetzt aus Schriften der D. Stempel unter Verwendung einiger historischer Schriften aus deren Archiv. Frankfurt, 1954. English edition/Edição em inglês, Museum Books, New York, 1954. Revised edition/Edição revista, The M.I.T. Press, Cambridge and London, 1970.

Über Alphabete. Gedanken und Anmerkungen beim Schriftentwerfen. By Hermann Zapf, D. Stempel, Frankfurt, 1960. English edition/Edição em inglês, The Typophiles, New York, 1960. Revised edition/Edição revista, The M.I.T. Press, Cambridge/London, 1970.

Das Blumen–ABC von Hermann Zapf und August Rosenberger. Printing office/ Oficina tipográfica D. Stempel, Frankfurt, 1948. Hermann Emig Publisher, Amorbach, 1962.

Typographische Variationen. 78 Buchtitel und Textseiten als Gestaltungsmöglichkeiten der Typographie und Buchgraphik. G.K. Schauer Publisher, Frankfurt, 1963. English edition/Edição em inglês, Museum Books, New York, 1964. French edition/Edição em francês, Hermann (Pierre Berès), Paris 1965.

Manuale Typographicum. 100 typographische Gestaltungen über die Schrift, über Typographie und Druckkunst aus Vergangenheit und Gegenwart. (In 18 languages). Z–Presse, Frankfurt, 1968. English edition/Edição em inglês, Museum Books, New York, 1968.

Orbis Typographicus. Thoughts, words and phrases on the arts and sciences. Experimental typography by Philip Metzger. The Crabgrass Press, Prairie Village, 1980.

Hermann Zapf. Hora fugit–Carpe Diem. Ein Arbeitsbericht. Technische Hochschule Darmstadt. Maximilian-Gesellschaft, Hamburg, 1984.

Kreatives Schreiben. Anleitungen und Alphabete. Rotring Werke Riepe, 1985 English edition/Edição em inglês, French edition/edição em francês, Spanisch edition/edição em espanhol, 1985.

Hermann Zapf and his design philosophy. Selected articles and lectures on calligraphy and contemporary developments in type design Society of Typographic Arts, Chicago. Yale University Press, New Haven, 1987.

L'opera di Hermann Zapf. Dalla calligrafia alla fotocompositione. Edizione Valdonega, Verona, 1991.

ABC–XYZapf. Fifty years in alphabet design. Professional contributions selected for Hermann Zapf. The Wynkyn de Worde Society, London, 1989. Bund Deutscher Buchkünstler, Offenbach, 1989.

Calligraphic Salutations. Hermann Zapf's letterheadings to Paul Standard. Melber B. Cary Jr. Graphic Arts Collection, Rochester Institute of Technology, Rochester. 1993.

Poetry through typography by Hermann Zapf. Poems selected by Walter Schmiele and Peter Frank. Printed in memory of Phil Metzger (1914–1981). Kelly Winterton Press, New York, 1993.

From the hand of Hermann Zapf. A collection of calligraphy, alphabet design and book typography. The Washington Calligrphers Guild, Washington D.C., 1993.

The design philosophy by Hermann Zapf. English and Japanese edition/Edição em inglês e japonês. Preface by/Prefácio de Carl Zahn. Robundo Publishing (Jiro Katashio), Tokyo, 1995.

August Rosenberger 1893–1980. A tribute to one of the great masters of punchcutting, an art now all but extinct. Melber B. Cary Jr. Graphic Arts Collection, Rochester Institute of Technology, Rochester. 1966.

The fine art of letters. The work of Hermann Zapf. The Grolier Club, New York, 2000.

Calligraphic type design in the digital age. Friends of Calligraphy, San Francisco. Edited by/Editado por John Prestianni. Ginko Press, Corte Madera, 2001.

The world of alphabets by Hermann Zapf. A kaleidoscope of drawings and letterforms. CD ROM. Herzog August Bibliothek Wolfenbüttel. Melber B. Cary Jr. Graphic Arts Collection, Rochester Institute of Technology, Rochester. 2001.

Zapf Essentials. 372 Signs. Dingbats. Office–Communications–Ornaments –Markers. Type specimen/Catálogo de tipos. Linotype, Bad Homburg, 2002.

Optima nova with Optima nova Titling. Type specimen/Catálogo de tipos. Linotype, Bad Homburg, 2002.

Zapfino Extra. A Script typeface by Hermann Zapf. Four alphabets for interchangeable use, with many additional characters, newly design Small Caps, 100 ornaments and hyper-flourishes. Type specimen/Catálogo de tipos. Linotype, Bad Homburg, 2003.

História de alfabetos. A autobiografia e a tipografia de Hermann Zapf. Translation/Tradução. Pedro Maia Soares. Edições Rosari & Tupigrafia. São Paulo, 2005.

Palatino Nova. A classical typeface redesigned with Aldus nova Book, Palatino Titling, Palatino Imperial, Palatino Greek & Cyrillic. Palatino Arabic. Palatino Sans. A Supplement to Palatino Nova Type specimen/Catálogo de tipos. Linotype, Bad Homburg, 2006.

Gudrun Zapf von Hesse. Bucheinbände - Handgeschreibene Bücher - Druckschriften - Schriftawendungen und Zeichnungenn. Gesellschaft zur Förderung der Drukkunst. Leipizig, 2002. English edition/Edição em inglês Mark Batty Publisher, New Jersey, 2002.

Este livro foi desenhado
em janeiro/fevereiro de 2010.
Texto composto em Diotma,
de Gudrun Zapf von Hesse (1955),
e textos complementares,
em Optima (1958-2003)
de Hermann Zapf,
da Linotype Library.
Matrizes de impressão por
A.M. Produções Gráficas
Tel 11 5071 3006
Impresso por
Cromosete Gráfica e Editora
Tel 11 2154 1176
Acabamento por
Armazém Especialidades Editoriais
Tel 11 5061 4940